SED RECONCILIADOS
REINICIO

Carey Ross

Sed Reconciliados Reinicio

Una guía práctica con estrategias integrales
para lograr la reconciliación

Publicado por Spines Publishing Platform
ISBN: 979-8-89691-293-4

Spines

SED RECONCILIADOS REINICIO

UNA GUÍA PRÁCTICA CON ESTRATEGIAS INTEGRALES PARA LOGRAR LA RECONCILIACIÓN

CAREY ROSS

DEDICATORIA

Al que reconcilió al mundo consigo mismo—

Gracias, Señor, por Tu amor inquebrantable, misericordia y gracia.

Y a todos los que anhelan paz, sanación y restauración—Que este libro te guíe hacia la esperanza y unidad encontradas en Cristo.

AGRADECIMIENTOS

Extiendo mi más profunda gratitud a Dios Padre, mi Señor Jesucristo y el Espíritu Santo cuyo amor, gracia y guía inspiraron cada palabra de este libro. Sin Él, este viaje de reconciliación y restauración no hubiera sido posible.

A mi familia y amigos, gracias por su apoyo inquebrantable, aliento y oraciones durante todo este proceso. Su amor ha sido una fuente de fortaleza y motivación.

También estoy inmensamente agradecido a los mentores, pastores y líderes espirituales que han brindado sabiduría y verdad a mi vida, formando mi comprensión del amor de Dios y su llamado a la reconciliación.

A mis lectores, gracias por hacer este viaje conmigo. Oro para que este libro te acerque más a Dios, a la sanación y a una vida de relaciones restauradas y paz.

Por último, a todos aquellos que permanecen en fe conmigo para ministrar a los ciudadanos del Reino de Dios el cuerpo completo de Cristo, sus historias de perdón, sanación y esperanza—gracias por su coraje y vulnerabilidad. Sus testimonios nos recuerdan que la reconciliación no solo es posible, sino transformadora.

Con gratitud,

Carey R. Ross Sr.

ÍNDICE

PRÓLOGO

La reconciliación es una palabra de la que no escuchamos hablar mucho hoy. Sin embargo, la reconciliación es el mismo corazón de Dios. Cuando leemos la Biblia de principio a fin, la esencia misma de las Sagradas Escrituras es sobre la Divinidad reconciliando a la humanidad. Las Escrituras declaran: "Porque Dios estaba en Cristo, reconciliando al mundo consigo mismo, ya no tomando en cuenta los pecados de las personas. Y nos dio este maravilloso mensaje de reconciliación." Así, la reconciliación es el proceso por el cual Dios y las personas son reunidas de nuevo.

La Biblia enseña que Dios y el hombre están alienados el uno del otro debido a la santidad de Dios y la pecaminosidad del hombre. Aunque Dios ama al pecador, es imposible para Él no juzgar el pecado. Por lo tanto, en la reconciliación bíblica, ambas partes se ven afectadas. A través del sacrificio de

Cristo, los pecados de la humanidad son expiados. A través de la expiación, una relación de hostilidad y alienación se transforma en una de paz y comunión. Es una pena que muchos creyentes nunca comprendan realmente el verdadero concepto de la reconciliación. Por esta misma razón, recomiendo "Sed Reconciliados Reinicio" como un manual de lectura obligatoria para descubrir el plan de Dios para reconciliar a la humanidad consigo mismo.

Carey Ross explora el concepto de reconciliación desde varios ángulos y diferentes perspectivas a lo largo de las Escrituras para ayudar a sus lectores a descubrir verdaderamente lo que Dios ha puesto a disposición de cada persona que llega a Él a través de Su sacrificio supremo, Jesucristo. A medida que te adentras en las páginas de este libro, descubrirás la necesidad desesperada de la humanidad de reconectarse con su Creador como resultado de su desobediencia, y el plan de reconciliación de Dios como el único camino. "Sed Reconciliados Reinicio" es también una guía práctica que brinda a sus lectores instrucciones paso a paso sobre cómo lograr la reconciliación en cualquier relación rota.

No es solo el llamado para reconciliarse con Dios Padre, sino que en sus páginas se da a sus lectores el encargo de retomar el mensaje transformador de la reconciliación y compartirlo con otros para que puedan experimentar el poder transformador del Evangelio en sus vidas personales. La palabra reconciliación en griego significa provocar un cambio o ser totalmente cambiado. La reconciliación tiene el poder de tocar cada área de tu vida, llevándote a una vida de paz.

Me honra haber tenido la oportunidad de escribir este prólogo y recomendar este libro a cualquiera que busque profundizar su comprensión del plan de reconciliación de Dios. Únete al autor en este viaje mientras busca darte una mayor comprensión del elusivo concepto de reconciliación y lo que realmente significa ser reconciliado. Al sumergirte en los capítulos de este libro, que estas palabras enciendan tu pasión por abrazar la sabiduría bíblica compartida en sus páginas para descubrir el poder transformador de la reconciliación. Que "Sed Reconciliados Reinicio" provoque un cambio total en tu vida.

Christopher C. Smith

INTRODUCCIÓN

EL LLAMADO A LA RECONCILIACIÓN

- **Resumen de la Reconciliación:** Comprender su importancia en la fe cristiana.
- **Fundamento Escritural:** Versículos clave (por ejemplo, 2 Corintios 5:18-19, Mateo 5:23-24) que destacan el llamado de Dios a la reconciliación.
- **Propósito del Libro:** Guiar a los creyentes a reconciliarse con Dios, consigo mismos y con los demás.

PARTE I

RECONCILIACIÓN CON DIOS

1

COMPRENDIENDO LA NECESIDAD DE RECONCILIACIÓN

- La Caída y separación de Dios (Génesis 3).
- Cómo el pecado crea distancia entre la humanidad y Dios.
- El papel de Jesucristo en cerrar la brecha.

La reconciliación es central en la fe cristiana, abordando la relación rota entre la humanidad y Dios. Para entender por qué es necesaria la reconciliación, primero debemos explorar el origen de esta separación y el plan redentor de Dios a través de Jesucristo.

La Caída y Separación de Dios (Génesis 3)

En el principio, Dios creó a la humanidad para vivir en perfecta armonía con Él. Adán y Eva disfrutaban de una relación cercana e íntima con Dios en el Jardín del Edén. Sin embargo, esta relación se rompió cuando desobedecieron a

Dios comiendo del Árbol del Conocimiento del Bien y del Mal.

- **Desobediencia y Consecuencias**
- El pecado de Adán y Eva introdujo la separación de Dios, ya que eligieron seguir sus propios deseos en lugar de Su mandato. Este acto de rebeldía trajo muerte espiritual (Romanos 6:23) y alejó a la humanidad de la presencia santa de Dios.
- **El Impacto de la Caída**
- La Caída no solo afectó a Adán y Eva, sino a toda la humanidad (Romanos 5:12). El pecado se convirtió en una condición universal, creando una barrera entre un Dios santo y una humanidad pecadora. Esta separación es evidente en la ruptura del mundo—dolor, sufrimiento y la incapacidad de alcanzar la paz solo con los esfuerzos humanos.

Cómo el Pecado Crea Distancia Entre la Humanidad y Dios

El pecado es más que simples malas acciones; es un estado de rebeldía y alejamiento de Dios. Se manifiesta en pensamientos, acciones y actitudes que se oponen a la voluntad de Dios.

- **La Santidad de Dios**
- La naturaleza de Dios es perfectamente santa y justa (Isaías 6:3, Habacuc 1:13). El pecado no puede existir en Su presencia. Esto crea un problema fundamental:

la humanidad, marcada por el pecado, es incapaz de restaurar la relación por sí sola.

- **El Abismo Espiritual**
- Isaías 59:2 destaca que el pecado nos separa de Dios: "Vuestras iniquidades han hecho división entre vosotros y vuestro Dios; vuestros pecados han hecho ocultar de vosotros su rostro para no oír."
- Esta separación deja a la humanidad en un estado de vacío espiritual, alienación, y en última instancia, separación eterna de Dios sin intervención.

El Papel de Jesucristo en Cerrar la Brecha

Dios, en Su infinito amor y misericordia, proporcionó una solución a esta separación mediante Jesucristo. La reconciliación es posible gracias a Su sacrificio.

- **El Ministerio de la Reconciliación**
- 2 Corintios 5:18-19 explica, "Todo esto proviene de Dios, quien nos reconcilió consigo mismo a través de Cristo y nos dio el ministerio de la reconciliación: que, en Cristo, Dios estaba reconciliando al mundo consigo mismo, no tomando en cuenta los pecados de las personas."
- Jesús vino a restaurar la relación rota ofreciéndose como el sacrificio definitivo por el pecado.
- **La Muerte Sacrificial de Jesús**
- En la cruz, Jesús llevó el castigo por los pecados de la humanidad (1 Pedro 2:24). Su muerte satisfizo la justicia de Dios y abrió el camino para el perdón. A

través de Su resurrección, derrotó el pecado y la muerte, ofreciendo nueva vida a todos los que creen en Él (Romanos 6:23).

- **Acceso a Dios Restaurado**
- Efesios 2:13-14 declara, "Pero ahora en Cristo Jesús, vosotros que en otro tiempo estabais lejos, habéis sido hechos cercanos por la sangre de Cristo. Porque él es nuestra paz."
- Jesús sirve como mediador entre Dios y la humanidad (1 Timoteo 2:5), permitiendo a los creyentes acercarse a Dios libre y confiadamente (Hebreos 4:16).

La Invitación a la Reconciliación

La necesidad de reconciliación surge de la caída de la humanidad y los efectos generalizados del pecado. Sin embargo, a través de Jesucristo, Dios ha hecho un camino para que seamos restaurados a Él. Esta reconciliación no es solo un evento puntual sino una relación continua que trae paz, propósito y esperanza eterna. El camino de la reconciliación comienza al reconocer nuestra necesidad de Dios y abrazar el don de la salvación a través de Cristo.
"Acercaos a Dios, y él se acercará a vosotros." — Santiago 4:8

2

ABRAZAR EL PERDÓN DE DIOS

- El poder de la confesión y el arrepentimiento (1 Juan 1:9).
- El don de la gracia y la justificación por la fe (Romanos 5:1).
- Encontrar paz en el amor incondicional de Dios.

El perdón está en el corazón de la reconciliación con Dios. A través de la confesión, el arrepentimiento y la fe en Cristo, experimentamos el poder transformador de la gracia de Dios. Abrazar Su perdón no solo restaura nuestra relación con Él, sino que también trae paz y libertad del peso del pecado.

El Poder de la Confesión y el Arrepentimiento (1 Juan 1:9)

La confesión y el arrepentimiento son pasos esenciales para experimentar el perdón de Dios. Nos permiten reconocer nuestro pecado y volver a Él.

- **Confesión: Reconocer Nuestro Pecado**
- 1 Juan 1:9 dice, "Si confesamos nuestros pecados, él es fiel y justo para perdonarnos nuestros pecados y limpiarnos de toda maldad."
- La confesión es más que simplemente admitir haber cometido un error; es un reconocimiento honesto de nuestro pecado ante un Dios santo. Este acto demuestra humildad y un reconocimiento de nuestra necesidad de Su misericordia.
- **Arrepentimiento: Apartarnos del Pecado**
- El arrepentimiento implica un cambio de actitud y dirección. Es la decisión de alejarnos de comportamientos pecaminosos y alinear nuestras vidas con la voluntad de Dios. Hechos 3:19 exhorta, "Así que arrepentíos y convertíos, para que sean borrados vuestros pecados; para que vengan de la presencia del Señor tiempos de refrigerio."
- A través del arrepentimiento, experimentamos renovación espiritual y libertad de la culpa.

El Don de la Gracia y la Justificación a Través de la Fe (Romanos 5:1)

El perdón de Dios está arraigado en Su gracia, que se da gratuitamente y no se gana mediante nuestros esfuerzos.

- **Gracia: El Favor Inmerecido de Dios**
- Efesios 2:8-9 declara, "Porque por gracia sois salvos por medio de la fe; y esto no de vosotros, pues es don de Dios; no por obras, para que nadie se gloríe."

- La gracia es el fundamento de nuestra salvación. Es la bondad y amor inmerecido de Dios extendido hacia nosotros a pesar de nuestra pecaminosidad. Este don subraya que el perdón no se basa en nuestro mérito sino únicamente en la misericordia de Dios.
- **Justificación a Través de la Fe**
- Romanos 5:1 afirma, "Justificados, pues, por la fe, tenemos paz para con Dios por medio de nuestro Señor Jesucristo."
- La justificación significa ser declarados justos ante Dios. A través de la fe en Jesucristo, nuestros pecados son perdonados, y somos revestidos de Su justicia (2 Corintios 5:21). Este acto judicial de Dios elimina nuestra culpa y restaura nuestra condición como Sus hijos.

Encontrar Paz en el Amor Incondicional de Dios

El perdón de Dios fluye de Su amor perfecto e incondicional. Abrazar este amor trae paz profunda y seguridad.

- **Amor Inmutable**
- Romanos 8:38-39 nos asegura, "Por lo cual estoy seguro de que ni la muerte, ni la vida, ni ángeles, ni principados, ni potestades, ni lo presente, ni lo por venir, ni lo alto, ni lo profundo, ni ninguna otra cosa creada nos podrá separar del amor de Dios, que es en Cristo Jesús Señor nuestro."
- El amor de Dios es firme e inmutable. No depende

de nuestro desempeño o merecimiento, sino que se da libremente a través de Cristo.

- **Paz Más Allá de la Comprensión**
- Filipenses 4:7 promete, "Y la paz de Dios, que sobrepasa todo entendimiento, guardará vuestros corazones y vuestros pensamientos en Cristo Jesús."
- Cuando abrazamos plenamente el perdón de Dios, experimentamos una paz que trasciende las circunstancias. Esta paz nos tranquiliza sobre nuestra relación restaurada con Dios y Su presencia continua en nuestras vidas.
- **Libertad de la Culpa y la Vergüenza**
- Salmos 103:12 declara, "Cuanto está lejos el oriente del occidente, hizo alejar de nosotros nuestras rebeliones."
- En Cristo, estamos libres de la carga de la culpa y la vergüenza. Dios no retiene nuestros pecados pasados en nuestra contra; en cambio, ofrece perdón completo y un nuevo comienzo.

Caminando en el Perdón

Abrazar el perdón de Dios es un viaje transformador. A través de la confesión y el arrepentimiento, reconocemos nuestra necesidad de Él. Por gracia, somos justificados por la fe, y Su amor incondicional trae paz y libertad. Como hijos perdonados de Dios, podemos vivir con confianza, sabiendo que Su misericordia es nueva cada mañana (Lamentaciones 3:22-23).

"En él tenemos redención por su sangre, el perdón de pecados según las riquezas de su gracia." — Efesios 1:7

3

VIVIENDO COMO NUEVA CREACIÓN

- Qué significa estar reconciliados con Dios (2 Corintios 5:17).
- Abrazando tu identidad en Cristo.
- Viviendo en obediencia y fe.

La reconciliación con Dios a través de Jesucristo nos transforma en nuevas creaciones. Esta transformación no es solo un cambio de estatus, sino una invitación a vivir una vida renovada, arraigada en nuestra identidad en Cristo. En este capítulo, exploraremos qué significa estar reconciliados con Dios, cómo abrazar nuestra nueva identidad y cómo caminar en obediencia y fe.

Qué Significa Estar Reconciliados con Dios (2 Corintios 5:17)

La reconciliación con Dios es el fundamento de una nueva

vida en Cristo. Restaura la relación rota entre la humanidad y Dios, ofreciendo un nuevo comienzo.

- **Un Nuevo Comienzo en Cristo**
- 2 Corintios 5:17 declara, "Por lo tanto, si alguno está en Cristo, nueva criatura es: ¡Lo viejo ha pasado, ha llegado ya lo nuevo!"
- Reconciliarse con Dios significa que nuestra vieja naturaleza pecaminosa ha sido reemplazada por una nueva naturaleza a través de Cristo. Esta transformación marca el comienzo de un viaje donde vivimos en alineación con la voluntad de Dios.
- **Libertad del Pasado**
- El proceso de reconciliación nos libera de la carga de los pecados y fracasos pasados. Como nuevas creaciones, ya no estamos definidos por nuestro viejo yo, sino por nuestra relación con Cristo.
- **Una Vida con Propósito y Esperanza**
- La reconciliación no solo trata de renovación personal sino también de ser parte de la misión redentora de Dios. Como nuevas creaciones, estamos llamados a participar en el ministerio de la reconciliación, compartiendo el mensaje del amor de Cristo con otros (2 Corintios 5:18-20).

Abrazando Tu Identidad en Cristo

Entender y vivir nuestra identidad en Cristo es esencial para prosperar como nuevas creaciones.

- **Adoptados como Hijos de Dios:** Gálatas 4:7 nos recuerda, "Así que ya no eres esclavo, sino hijo; y como eres hijo, Dios te ha hecho también heredero."
- Nuestra nueva identidad está enraizada en nuestro estado como hijos amados de Dios. Ya no estamos definidos por nuestros pecados pasados o etiquetas mundanas, sino por nuestra relación con nuestro Padre Celestial.
- **Vestidos de Justicia**
- 2 Corintios 5:21 dice, "Al que no conoció pecado, por nosotros lo hizo pecado, para que nosotros fuésemos hechos justicia de Dios en él."
- En Cristo, somos declarados justos. Esta justicia no es nuestra propia, sino que nos es imputada por fe. Nos da confianza para acercarnos a Dios y vivir audazmente para Sus propósitos.
- **Empoderados por el Espíritu Santo**
- Como nuevas creaciones, no estamos solos para navegar la vida. El Espíritu Santo mora en nosotros, guiándonos, fortaleciendo y equipándonos para vivir de acuerdo con la voluntad de Dios (Romanos 8:11).

Viviendo en Obediencia y Fe

La reconciliación nos llama a la acción. Como nuevas creaciones, estamos llamados a caminar en obediencia y fe, demostrando nuestras vidas transformadas a través de nuestras acciones.

- **Obediencia como Respuesta al Amor de Dios**
- Juan 14:15 dice, "Si me amáis, guardad mis mandamientos."
- La obediencia no se trata de legalismo, sino de una respuesta amorosa a la gracia que hemos recibido. Refleja nuestro compromiso de vivir en alineación con la Palabra de Dios y Sus propósitos.
- **La Fe como un Camino Diario**
- Hebreos 11:6 enseña, "Pero sin fe es imposible agradar a Dios; porque es necesario que el que se acerca a Dios, crea que le hay, y que es galardonador de los que le buscan."
- Caminar en fe implica confiar en las promesas de Dios, incluso cuando las circunstancias son desafiantes. Se trata de depender de Su guía y provisión en lugar de nuestro entendimiento.
- **Dando Frutos en Nuestras Vidas**
- Mientras caminamos en obediencia y fe, nuestras vidas darán frutos espirituales (Gálatas 5:22-23). Este fruto es evidencia de nuestra transformación y un testimonio del poder de Cristo en nosotros.
- **Perseverando a Través de las Pruebas**
- La vida como nueva creación no significa la ausencia de desafíos. Sin embargo, nuestra reconciliación con Dios nos brinda la fuerza para soportar las pruebas con esperanza y perseverancia (Santiago 1:2-4).

Viviendo Plenamente como una Nueva Creación

Vivir como una nueva creación es abrazar la plenitud de vida que Cristo ofrece. Significa entender nuestra reconciliación con Dios, mantenerse firmes en nuestra identidad como Sus hijos, y caminar diariamente en obediencia y fe. Este camino conduce a una vida con propósito, alegría y paz, mientras reflejamos la gloria de Dios y participamos en Su misión redentora.

"Porque somos hechura de Dios, creados en Cristo Jesús para buenas obras, las cuales Dios preparó de antemano para que anduviésemos en ellas." — Efesios 2:10

PARTE II

RECONCILIACIÓN CON UNO MISMO

4

SANANDO HERIDAS DEL PASADO

- Superar la culpa, la vergüenza y el arrepentimiento.
- Entender el propósito de Dios en tu dolor (Romanos 8:28).
- Pasos prácticos para el auto perdón.

Las heridas del pasado ya sean enraizadas en la culpa, la vergüenza o el arrepentimiento, pueden permanecer y agobiarnos, impidiéndonos abrazar plenamente la libertad y paz que Dios ofrece. Este capítulo explora cómo confrontar y superar estas cargas, entender el propósito de Dios en nuestro dolor y dar pasos prácticos hacia el auto perdón.

Superar la Culpa, la Vergüenza y el Arrepentimiento

La culpa, la vergüenza y el arrepentimiento son respuestas comunes a errores pasados o experiencias dolorosas. Aunque sirven como recordatorios de nuestra necesidad de la gracia de Dios, no están destinados a definirnos o paralizarnos.

- **Culpa: Reconociendo el Mal Obrar**
- La culpa surge cuando reconocemos que hemos pecado o herido a otros. Una culpa saludable lleva al arrepentimiento y al cambio (2 Corintios 7:10). Sin embargo, la culpa no resuelta puede llevar a la auto-condena, cosa que Dios nunca pretende (Romanos 8:1).
- **Vergüenza: Atacando la Identidad**
- A diferencia de la culpa, que se enfoca en las acciones, la vergüenza ataca nuestro sentido de valía. Dice, "Soy malo", en lugar de "Hice algo malo". La vergüenza puede aislarnos de Dios y de los demás, pero Cristo vino a remover nuestra vergüenza y restaurar nuestra identidad (Hebreos 12:2).
- **Arrepentimiento: Dolor Persistente por el Pasado**
- El arrepentimiento surge de un sentido de oportunidades perdidas o consecuencias de decisiones pasadas. Aunque es natural desear que las cosas hubieran sido diferentes, estamos llamados a confiar en que Dios puede redimir incluso nuestros errores para Sus propósitos (Joel 2:25).
- **El Camino hacia la Libertad**
- Confiesa y Arrepiéntete: Lleva tu culpa y vergüenza ante Dios. La confesión lleva al perdón y a la limpieza (1 Juan 1:9).
- Acepta el Perdón de Dios: Confía en que cuando Dios perdona, Él elimina completamente tu pecado (Salmo 103:12).
- Libera el Arrepentimiento: Deja los "y que pasaría si"

a Dios, sabiendo que Él puede obrar todo para bien (Romanos 8:28).

Entendiendo el Propósito de Dios en Tu Dolor (Romanos 8:28)

El dolor y el sufrimiento no son sin sentido. En Su soberanía, Dios puede usar incluso nuestras heridas más profundas para Su gloria y nuestro crecimiento.

- **El Plan Redentor de Dios**
- Romanos 8:28 nos asegura, "Y sabemos que en todas las cosas Dios obra para el bien de aquellos que lo aman, que han sido llamados según su propósito."
- Este versículo no promete que todo lo que experimentamos se sentirá bien, pero nos asegura que Dios puede sacar bien de cada situación, incluyendo nuestro dolor.
- **Crecimiento a Través de las Pruebas**
- El dolor a menudo se convierte en una herramienta para el crecimiento espiritual. Refina nuestro carácter, fortalece nuestra fe y profundiza nuestra dependencia de Dios (Santiago 1:2-4).
- **Usando el Dolor para Ayudar a Otros**
- Nuestras heridas pasadas pueden equiparnos para consolar y guiar a otros que enfrentan luchas similares (2 Corintios 1:3-4). Dios a menudo usa nuestras historias de redención para traer esperanza y sensatez a otros.

Pasos Prácticos para el Auto-Perdón

Perdonarte a ti mismo puede ser uno de los aspectos más desafiantes pero liberadores de la sanación. Requiere un cambio de perspectiva, reconociendo que la gracia de Dios es suficiente no solo para perdonar sino también para restaurar.

- **Paso 1: Reconocer el Perdón de Dios**
- Si Dios, el justo y santo Juez, te ha perdonado a través de Cristo, ya no estás condenado (Romanos 8:1). Medita en versículos que afirmen Su perdón, como Isaías 1:18 y Efesios 1:7.
- **Paso 2: Alinea Tus Pensamientos con la Verdad de Dios**
- Reemplaza los pensamientos de auto-condena con la verdad de Dios sobre tu identidad. No estás definido por tu pasado sino por quién eres en Cristo: perdonado, amado y redimido.
- Filipenses 4:8 anima a enfocarse en lo que es verdadero, noble y digno de alabanza.
- **Paso 3: Elimina Expectativas Irreales**
- A veces, el auto-perdón se ve impedido por mantener estándares irreales de perfección. Reconoce tu humanidad y acepta que cometer errores es parte del crecimiento.
- **Paso 4: Busca Responsabilidad y Apoyo**
- Comparte tus luchas con amigos confiables, mentores o un consejero que pueda recordarte la

verdad de Dios y alentarte en tu camino hacia el auto-perdón.

- **Paso 5: Da Pasos Hacia la Reconciliación, Si es Posible**
- Si tus acciones pasadas han herido a otros, busca su perdón y haz las paces cuando sea apropiado (Mateo 5:23-24). Aunque las respuestas de otros estén fuera de tu control, asumir la responsabilidad puede traer cierre.
- **Paso 6: Abraza el Trabajo Continuo de Dios en Ti**
- La sanación y el auto-perdón son procesos. Confía en que Dios está trabajando continuamente en ti, moldeándote a Su semejanza (Filipenses 1:6).

Caminar en Libertad y Paz

Sanar de las heridas pasadas es un camino que requiere rendición, confianza y pasos intencionales hacia la libertad. Superando la culpa, la vergüenza y el arrepentimiento, entendiendo el propósito de Dios en tu dolor y practicando el auto-perdón, puedes abrazar la paz y el gozo que vienen de vivir como un amado hijo de Dios.

"Él sana a los quebrantados de corazón y venda sus heridas." — Salmo 147:3

5

RENOVANDO LA MENTE

- El papel de los pensamientos en la formación de la identidad y el comportamiento (Romanos 12:2).
- Estrategias para reemplazar las mentiras con la verdad de Dios.
- Cultivar una mentalidad de paz y gratitud.

La transformación de nuestra vida comienza con la renovación de nuestra mente. Nuestros pensamientos tienen un impacto profundo en nuestra identidad, comportamiento y crecimiento espiritual. Al alinear nuestro pensamiento con la verdad de Dios, podemos superar patrones dañinos y cultivar una mentalidad de paz y gratitud.

El Papel de los Pensamientos en la Formación de la Identidad y el Comportamiento (Romanos 12:2)

Nuestros pensamientos moldean la forma en que nos vemos a nosotros mismos, a los demás y al mundo. Influyen en nuestras acciones, actitudes y, en última instancia, en nuestro destino. ¡El poder de definir es el poder de determinar el destino!

Transformación a Través de la Renovación de la Mente

- Romanos 12:2 enseña, "No os conforméis a este siglo, sino transformaos por medio de la renovación de vuestro entendimiento, para que comprobéis cuál sea la buena voluntad de Dios, agradable y perfecta."
- La verdadera transformación comienza en la mente. Cuando nuestros pensamientos están alineados con la verdad de Dios, nuestros comportamientos y decisiones naturalmente siguen ese curso.
- **Patrones Mundanos vs. Pensamiento Divino**
- El mundo promueve valores y perspectivas que a menudo contradicen la voluntad de Dios: el egoísmo, el orgullo, el miedo y la duda. Renovar la mente implica rechazar estos patrones mundanos y abrazar una perspectiva centrada en Dios.
- **Identidad y Sistemas de Creencias**
- Lo que creemos sobre nosotros mismos, Dios y los demás influye directamente en nuestra identidad y comportamiento. Proverbios 23:7 nos recuerda, "Porque cual es su pensamiento en su corazón, tal es Él."
- Alinear nuestros pensamientos con la Palabra de Dios nos ayuda a vivir en la verdad de quienes somos en Cristo.

Estrategias para Reemplazar las Mentiras con la Verdad de Dios

El enemigo a menudo ataca nuestras mentes con mentiras, distorsiones de la verdad diseñadas para socavar nuestra fe e identidad. Para renovar nuestras mentes, debemos reemplazar activamente estas mentiras con la verdad de Dios.

- **Identificar las Mentiras**
- El primer paso es reconocer las mentiras que hemos creído. Estas podrían incluir pensamientos como:

"No soy lo suficientemente bueno."
"Dios nunca podría perdonarme."
"Nunca cambiaré."

- Compara estos pensamientos con la Escritura, que revela la verdad de Dios sobre quién eres (Juan 8:44).
- **Meditar en la Palabra de Dios**
- El Salmo 119:11 dice, "En mi corazón he guardado tus dichos, para no pecar contra ti."
- La meditación regular en las Escrituras permite que la verdad de Dios impregne tus pensamientos. Memoriza versículos que contrarrestan las mentiras que has identificado. Por ejemplo:
- Al enfrentar la duda en ti mismo: "Todo lo puedo en Cristo que me fortalece" (Filipenses 4:13).
- Cuando te sientes no perdonado: "Si confesamos nuestros pecados, él es fiel y justo para perdonar nuestros pecados" (1 Juan 1:9).

- **Tomar Cautivo Cada Pensamiento**
- 2 Corintios 10:5 nos insta, "Llevando cautivo todo pensamiento a la obediencia a Cristo."
- Cuando surgen pensamientos negativos o falsos, recházalos conscientemente y reemplázalos con la verdad de Dios. Esta práctica, con el tiempo, ayuda a reconfigurar tus patrones de pensamiento.
- **Hablar con la Verdad Sobre Ti Mismo**
- Proverbios 18:21 enfatiza el poder de las palabras: "La muerte y la vida están en poder de la lengua."
- Repetir afirmaciones basadas en las Escrituras, recordándote a ti mismo las promesas de Dios y tu identidad en Él.

Cultivar una Mentalidad de Paz y Gratitud

A medida que nuestras mentes se renuevan, podemos experimentar la paz de Dios y desarrollar un corazón de gratitud, incluso en circunstancias difíciles.

- **Busca la Paz A Través de la Confianza**
- Isaías 26:3 promete, "Tú guardarás en completa paz a aquel cuyo pensamiento en ti persevera, porque en ti ha confiado."
- La paz viene de confiar en la soberanía y bondad de Dios. Cuando soltamos el control y ponemos nuestras cargas en Sus manos, experimentamos una paz que sobrepasa todo entendimiento (Filipenses 4:6-7).

- **Practica la Gratitud Diariamente**
- La gratitud cambia nuestro enfoque de lo que nos falta a lo que tenemos. 1 Tesalonicenses 5:18 nos alienta, "Den gracias en toda situación, porque esta es la voluntad de Dios para ustedes en Cristo Jesús."
- Reflexiona periódicamente sobre las bendiciones de Dios, tanto grandes como pequeñas. Escribir un diario o verbalizar por lo que estás agradecido puede ayudar a reforzar una mentalidad agradecida.
- **Enfócate en lo que es Bueno**
- Filipenses 4:8 instruye, "Por último, hermanos y hermanas, consideren todo lo que es verdadero, todo lo noble, todo lo justo, todo lo puro, todo lo bello, todo lo admirable—si hay algo excelente o digno de alabanza—piensen en tales cosas."
- Cambiar tu enfoque hacia pensamientos positivos y edificantes fomenta una mentalidad de paz y satisfacción.

Caminando con una Mentalidad Renovada

Renovar la mente es un viaje de por vida que requiere esfuerzo intencional y dependencia de Dios. Al reemplazar las mentiras con Su verdad y cultivar pensamientos de paz y gratitud, experimentamos transformación en todas las áreas de la vida. Alinear nuestras mentes con la voluntad de Dios nos permite vivir con mayor claridad, propósito y alegría.

"Pon la mira en las cosas de arriba, no en las de la tierra." — Colosenses 3:2

6

ABRAZANDO TU PROPÓSITO DADO POR DIOS

- Entendiendo tu llamado único en Cristo (Efesios 2:10).
- Cómo la auto-reconciliación lleva a un mayor cumplimiento e impacto.

Cada creyente tiene un propósito único en el gran diseño de Dios. Abrazar este propósito requiere entender tu llamado en Cristo, reconciliarte contigo mismo y alinear tu vida con Su voluntad. Este capítulo explora cómo reconocer tu llamado divino y lograr la auto-reconciliación pueden llevar a una vida de mayor plenitud e impacto.

Entendiendo Tu Llamado Único en Cristo (Efesios 2:10)

Dios nos ha creado a cada uno de nosotros con intención, equipándonos con dones, talentos y oportunidades para cumplir Sus propósitos.

- **Eres la Obra Maestra de Dios**
- Efesios 2:10 proclama, "Porque somos hechura de Dios, creados en Cristo Jesús para hacer buenas obras, las cuales Dios dispuso de antemano para que las pongamos en práctica."
- Este verso afirma que cada persona es única y creada por Dios, con un rol específico en Su plan. Tu vida no es aleatoria; ha sido diseñada con un propósito.
- **Buenas Obras Destinadas de Antemano**
- Las "buenas obras" mencionadas no son meramente actos de servicio, sino que abarcan toda tu misión de vida: cómo vives, amas y glorificas a Dios en tu esfera de influencia. Estas obras fueron preparadas por Dios mucho antes de que nacieras, lo que significa que tu propósito es divinamente ordenado.
- **Descubriendo tu Llamado**
- Entender tu llamado implica:
- Oración y Búsqueda de la Guía de Dios: Pídele a Dios que revele Su voluntad para tu vida (Santiago 1:5).
- Reconocer tus Dones: Reflexiona sobre tus fortalezas, pasiones y las formas en que Dios te ha equipado de manera única.
- Escuchar la Voz de Dios en Comunidad: Amigos de confianza, mentores y la enseñanza integral de la Biblia en la iglesia pueden ayudar a afirmar tus dones y tu llamado.

Cómo la Auto-Reconciliación Lleva a un Mayor Cumplimiento e Impacto

La reconciliación con Dios a menudo lleva al siguiente paso crucial: la reconciliación contigo mismo. Muchas personas luchan con conflictos internos que les impiden abrazar plenamente su propósito.

- **La importancia de la Reconciliación con uno mismo**
- La reconciliación con uno mismo implica aceptar la visión de Dios sobre ti, incluyendo tus fortalezas y debilidades, tus errores pasados y tu valor inherente. Significa abrazar quién eres en Cristo en lugar de ser definido por estándares mundanos o fracasos pasados.
- Salmo 139:14 nos recuerda, "Te alabo porque soy una creación admirable; ¡tus obras son maravillosas, y esto lo sé muy bien!"
- Reconocer tu valor a los ojos de Dios es el primer paso hacia la reconciliación contigo mismo.
- **Superando Barreras Internas**
- Muchas personas enfrentan luchas internas como:
- Inseguridad y Dudas sobre Uno Mismo: Creer en mentiras sobre tu insuficiencia puede bloquearte de seguir tu propósito dado por Dios.
- Arrepentimiento o Vergüenza No Resueltos: La culpa persistente por fracasos pasados puede impedirte avanzar.

- Miedo al Fracaso o al Rechazo: Preocuparse por las opiniones de los demás puede obstaculizar la obediencia al llamado dc Dios.
- La reconciliación consigo mismo implica entregar estas luchas a Dios y elegir vivir en la libertad y confianza que Él ofrece (2 Timoteo 1:7).
- **El Impacto de la Paz Interior en Tu Propósito**
- Cuando te reconcilias contigo mismo, liberas energía mental, emocional y espiritual para concentrarte en tu llamado. La paz interior fomenta una mayor claridad, resiliencia y pasión, permitiéndote vivir con un sentido de realización y tener un impacto positivo en los demás.

Pasos para Abrazar Tu Propósito

1. Alinearte con la Visión de Dios
Busca entender cómo tu llamado individual encaja en el plan más amplio de Dios. Reconoce que tu propósito es, en última instancia, glorificarlo a Él y promover Su reino (Mateo 6:33).
2. Cultivar un Corazón de Servicio
Abrazar tu propósito a menudo implica servir a los demás. Jesús modeló una vida de humildad y servicio, recordándonos que nuestro propósito está ligado a amar a Dios y amar a las personas (Marcos 12:30-31).
3. Buscar el Crecimiento y el Desarrollo
Continúa cultivando tus habilidades, conocimiento y carácter. Dios a menudo usa experiencias de vida y desafíos para prepararnos para responsabilidades mayores en nuestro llamado (Santiago 1:2-4).

4. Dar Pasos Audaces de Fe

Abrazar tu propósito requiere dar pasos de fe, incluso cuando el camino parece incierto. Confía en que Dios proporcionará la fuerza y los recursos necesarios para cumplir Su llamado (Josué 1:8-9).

Viviendo una Vida con Propósito

Abrazar tu propósito dado por Dios conduce a una vida de alegría, realización y significado eterno. Al entender tu llamado único y reconciliarte contigo mismo, puedes avanzar con confianza hacia las buenas obras que Dios ha preparado para ti. Confía en Su plan, sabiendo que tu vida tiene un impacto profundo en Su reino.

"El que los llama es fiel, y así lo hará." — 1 Tesalonicenses 5:24

PARTE III

RECONCILIACIÓN CON EL PRÓJIMO

7

EL MANDATO DE PERDONAR

- El mandato bíblico para el perdón (Mateo 6:14-15).
- Abordando los conceptos erróneos sobre el perdón.
- El perdón es un acto de obediencia y libertad.

El perdón está en el corazón de la fe cristiana. Es un mandato divino que refleja el carácter de Dios y demuestra Su gracia obrando en nosotros. Este capítulo explora el mandato bíblico para el perdón, aclara conceptos erróneos comunes y destaca cómo el perdón es tanto un acto de obediencia como un camino hacia la libertad.

El Mandato Bíblico para el Perdón (Mateo 6:14-15)

El perdón no es opcional para los creyentes; es un mandato claro de Dios. Jesús enfatiza su importancia en Sus enseñanzas sobre la oración y la vida diaria.

- **Las Palabras de Jesús sobre el Perdón**
- En Mateo 6:14-15, Jesús dice: "Porque si perdonan a los demás sus pecados, su Padre celestial también los perdonará a ustedes. Pero si no perdonan a otros sus pecados, su Padre no les perdonará a ustedes sus pecados."
- Estos versículos destacan una verdad poderosa: el perdón que extendemos a los demás está intrínsecamente vinculado a nuestra relación con Dios. Mientras que el perdón de nuestros pecados por parte de Dios es un regalo gratuito de gracia, nuestra disposición a perdonar a los demás es evidencia de nuestra comprensión y aceptación de esa gracia.
- **El Perdón Refleja la Naturaleza de Dios**
- Perdonar a los demás nos permite reflejar la misericordia que Dios nos muestra. Efesios 4:32 hace eco de este mandato: "Sean bondadosos y compasivos unos con otros, perdonándose mutuamente, así como Dios los perdonó a ustedes en Cristo."

Abordando los Conceptos Erróneos Sobre el Perdón

El perdón a menudo se malinterpreta. Aclarar estos conceptos erróneos puede ayudar a los creyentes a abrazarlo más plenamente.

- **El Perdón No Es Olvidar**
- Perdonar no significa borrar el recuerdo de una ofensa. Significa elegir no retener la ofensa contra la persona. Sanar del dolor de un agravio lleva tiempo, pero el perdón nos permite avanzar sin amargura.
- **El Perdón No Es Excusar**
- Perdonar a alguien no minimiza ni justifica sus acciones. Reconoce el error, pero elige liberar al ofensor de la deuda de su falta.
- **El Perdón No Es Reconciliación**
- Aunque el perdón puede llevar a la reconciliación, no es lo mismo. La reconciliación requiere esfuerzo mutuo y confianza, pero el perdón es una decisión personal que se toma independientemente de la respuesta del ofensor.
- **El Perdón No Es un Evento Único**
- El perdón puede ser un proceso, especialmente para heridas profundas. Puede necesitar ser revisitado y reafirmado con el tiempo a medida que resurjan emociones y recuerdos.

El Perdón como un Acto de Obediencia y Libertad

Elegir perdonar es un poderoso acto de obediencia que trae libertad espiritual y sanación.

- **Obediencia al Mandamiento de Dios**
- El perdón es un acto de sumisión a la voluntad de Dios. Incluso cuando se siente difícil, estamos llamados a confiar en Su plan y seguir Su ejemplo.

Jesús perdonó a aquellos que lo crucificaron, orando, "Padre, perdónalos, porque no saben lo que hacen" (Lucas 23:34).

- **Romper las Cadenas de la Amargura**
- La falta de perdón a menudo nos atrapa en un ciclo de ira y resentimiento, afectando nuestro bienestar mental, emocional y espiritual. Hebreos 12:15 advierte: "Cuida que nadie se quede sin la gracia de Dios; que ninguna raíz de amargura brote y cause dificultades y contamine a muchos."
- El perdón nos libera de esta esclavitud, permitiendo que la paz de Dios reine en nuestros corazones.
- **Encontrar Libertad en el Perdón**
- El perdón es tanto para quien perdona como para quien es perdonado. Alivia la carga de llevar heridas pasadas y restaura nuestra capacidad de experimentar alegría y paz. Colosenses 3:13 anima, "Soportaos mutuamente y perdonaos si alguno tiene queja contra otro. Perdonad como el Señor os perdonó."

Pasos Prácticos para Perdonar

1. Reconocer el Dolor:
Sé honesto sobre el dolor causado por la ofensa. Suprimir emociones puede obstaculizar el proceso de perdón.
2. Entregar la Ofensa a Dios
Lleva tu dolor y enojo a Dios en oración. Pídele la fuerza para perdonar, incluso cuando parezca imposible.

3. Elegir Perdonar
El perdón es una decisión, no un sentimiento. Toma una decisión consciente de liberar al ofensor de su deuda.
4. Orar por el Ofensor
Orar por quienes te han herido puede suavizar tu corazón y alinear tu perspectiva con la de Dios. Jesús nos manda a orar por nuestros enemigos (Mateo 5:44).
5. Confiar la Justicia a Dios
Deja ir la necesidad de venganza personal, confiando en que Dios manejará la justicia en Su tiempo y manera (Romanos 12:19).

El Perdón como un Camino hacia la Libertad

El perdón es una de las formas más poderosas de reflejar el amor y la gracia de Dios en nuestras vidas. Al obedecer Su mandamiento de perdonar, no solo lo honramos, sino que también experimentamos la libertad y sanación que surgen al dejar ir la amargura y el resentimiento.

"Soportaos mutuamente y perdonaos si alguno tiene queja contra otro. Perdonad como el Señor os perdonó." — Colosenses 3:13

8

BUSCAR Y OFRECER RECONCILIACIÓN

- Pasos prácticos para reconciliar relaciones rotas.
- El papel de la humildad y la vulnerabilidad.
- Equilibrar la reconciliación con límites saludables.

La reconciliación es un aspecto crucial de la vida cristiana, reflejando el deseo de Dios por la unidad y la restauración. Ya sea reparando relaciones rotas con la familia, amigos o compañeros creyentes, la reconciliación implica esfuerzo intencional, humildad y sabiduría. Este capítulo detalla pasos prácticos para la reconciliación, destaca la importancia de la humildad y la vulnerabilidad, y explora cómo equilibrar la reconciliación con el mantenimiento de límites saludables.

Pasos Prácticos para Reconciliar Relaciones Rotas

El camino hacia la reconciliación comienza con un sincero deseo de restaurar lo que se ha perdido. Las Escrituras brindan orientación sobre cómo abordar este proceso.

- **Orar por Guía y Preparación del Corazón**
- Comienza buscando la sabiduría y la fuerza de Dios a través de la oración. Pídele que ablande tu corazón, guíe tus palabras y te dé valor. Santiago 1:5 nos recuerda: "Si a alguno de vosotros le falta sabiduría, que se la pida a Dios, quien da generosamente a todos sin menospreciar a nadie, y le será dada."
- **Examina tu Propio Papel**
- La reconciliación requiere una reflexión honesta. Reconoce tu contribución al conflicto y asume la responsabilidad de tus acciones o palabras. Jesús enfatizó esto en Mateo 7:3-5: "¿Por qué te fijas en la astilla que tiene tu hermano en el ojo, y no le das importancia a la viga que está en el tuyo?"
- **Acércate a la Otra Persona con Amor**
- Busca la reconciliación con un espíritu de gentileza y amor, no de acusación o culpa. Gálatas 6:1 aconseja: "Si alguien cae en pecado, vosotros que vivís por el Espíritu deberíais restaurar a esa persona con gentileza."
- **Pide Disculpas y Busca el Perdón**
- Ofrece una disculpa sincera, reconociendo el daño causado. Sé específico en por qué estás disculpándote y pide perdón sin justificar tus acciones.
- **Extiende el Perdón**
- Prepárate para perdonar, incluso si la otra persona no está lista para reconciliarse completamente. El perdón abre la puerta a la sanación, ya sea que la reconciliación sea inmediata o no.

- **Trabaja Hacia una Resolución Conjunta**
- Participa en un diálogo abierto y honesto para resolver los malentendidos y reconstruir la confianza. Esto puede implicar buscar la orientación de una tercera parte neutral, como un pastor o consejero, para conflictos más profundos.

El Papel de la Humildad y la Vulnerabilidad

La reconciliación prospera con humildad y vulnerabilidad. Sin estas cualidades, el orgullo y la defensividad pueden socavar los esfuerzos para restaurar las relaciones.

- **Humildad como Fundamento**
- Filipenses 2:3-4 nos anima a adoptar una postura de humildad: "No hagáis nada por egoísmo o vanagloria. Al contrario, con humildad considerad a los demás como superiores a vosotros mismos, no buscando cada uno su propio interés sino el de los demás."
- La humildad nos permite priorizar la relación sobre el tener razón, creando espacio para el entendimiento y la sanación.
- **La Vulnerabilidad Promueve la Conexión**
- Ser vulnerable significa compartir abiertamente tus sentimientos, miedos y deseos de reconciliación. Demuestra sinceridad y construye confianza. La vulnerabilidad requiere valor, pero a menudo es el puente hacia una conexión más profunda y sanación.

- **El Ejemplo de Cristo**
- Jesús modeló la máxima humildad y vulnerabilidad en su disposición a sufrir y morir por nuestra reconciliación con Dios (Filipenses 2:5-8). Al seguir Su ejemplo, podemos acercarnos a los demás con la misma gracia y amor.

Equilibrando la Reconciliación con Límites Saludables

Si bien la reconciliación es un mandato bíblico, no significa abandonar la sabiduría o la auto-protección. Los límites saludables son esenciales para asegurar que la reconciliación no conduzca a más daño o habilite comportamientos destructivos.

- **Entender los Límites**
- Los límites definen lo que es aceptable y lo que no en una relación. Protegen tu bienestar emocional, físico y espiritual mientras permiten el respeto mutuo y la interacción saludable. Proverbios 4:23 aconseja, "Por sobre todas las cosas cuida tu corazón, porque de él mana la vida."
- **Cuando Establecer Límites**
- En Situaciones Tóxicas o Abusivas: Si la relación implica un daño continuo, la reconciliación puede requerir mantener una distancia segura mientras perdonas a la persona en tu corazón.
- Para Prevenir el Resentimiento: Los límites ayudan a asegurar que los esfuerzos de reconciliación no

conduzcan a sacrificios unilaterales o expectativas poco realistas.

- Para el Crecimiento Personal: Los límites pueden proporcionar el espacio necesario para que ambas partes crezcan y sanen antes de restaurar completamente la relación.
- **Comunicar Límites con Amor**
- Comunica claramente y con calma tus límites. Enfatiza que no se trata de castigo sino de proteger la relación y fomentar el respeto mutuo. Por ejemplo: "Valoro nuestra relación, pero necesito establecer este límite para asegurar que ambos nos sintamos seguros y respetados."
- **La Confianza Toma Tiempo**
- La reconciliación no significa una restauración inmediata de la confianza. La confianza se reconstruye a través de acciones consistentes y tiempo. Permite que la relación crezca gradualmente mientras respetan los límites de cada uno.

La Reconciliación como Reflejo del Amor de Dios

La reconciliación es una hermosa expresión del amor y la gracia de Dios en nuestras vidas. Al buscar restaurar relaciones rotas, reflejamos la obra reconciliadora de Cristo y demostramos el poder de Su amor transformador. Con humildad, vulnerabilidad y sabiduría, podemos buscar la reconciliación mientras mantenemos límites saludables, fomentando la unidad y glorificando a Dios en nuestras relaciones.

"Si es posible, en cuanto dependa de vosotros, estad en paz con todos." — Romanos 12:18

9

UNIDAD EN EL CUERPO DE CRISTO

- La importancia de la reconciliación dentro de la iglesia (Efesios 4:3).
- Superación de divisiones y fomento de la unidad.
- La iglesia como reflejo del reino de Dios.

La unidad dentro de la iglesia es esencial para cumplir su misión como reflejo del reino de Dios. La reconciliación entre los creyentes fortalece el cuerpo de Cristo, permitiéndole crecer en amor y eficacia. Este capítulo explora el mandato bíblico de la unidad, pasos prácticos para superar divisiones, y el papel de la iglesia como un testimonio viviente del poder reconciliador de Dios.

La Importancia de la Reconciliación Dentro de la Iglesia (Efesios 4:3)

- La unidad entre los creyentes no es solo un objetivo; es un mandato arraigado en nuestra fe e identidad compartida en Cristo. Efesios 4:3 instruye: "Esforzaos por mantener la unidad del Espíritu en el vínculo de la paz."
- La unidad del Espíritu es un don de Dios, pero los creyentes están llamados a mantenerla activamente. La reconciliación juega un papel vital en preservar esta unidad, ya que los conflictos y divisiones no resueltos obstaculizan el testimonio y la eficacia de la iglesia.
- **La Oración de Jesús por la Unidad**
- En Juan 17:21, Jesús oró por la unidad de Sus seguidores: "Para que todos sean uno, Padre, así como tú estás en mí y yo en ti. Que ellos también estén en nosotros para que el mundo crea que tú me has enviado."
- Esta unidad sirve como un poderoso testimonio al mundo del amor de Dios y la verdad del evangelio.

Superación de Divisiones y Fomento de la Unidad

La iglesia primitiva enfrentó desafíos de división, pero a través de la gracia de Dios, fueron llamados a superarlos y vivir en armonía. Hoy, la iglesia debe continuar abordando y superando desafíos similares.

- **Identificación de Fuentes de División**
- Las divisiones dentro de la iglesia pueden surgir de:
- ° Conflictos Personales: Malentendidos, orgullo o falta de perdón entre individuos.
- ° Diferencias Culturales o Socioeconómicas: Disparidades en antecedentes o estatus que pueden conducir a prejuicios o favoritismo.
- ° Disputas Doctrinales: Interpretaciones diferentes de las Escrituras o la teología.
- Pablo aborda las divisiones en 1 Corintios 1:10: "Os ruego, hermanos, por el nombre de nuestro Señor Jesucristo, que todos estéis de acuerdo y que no haya divisiones entre vosotros, sino que estéis perfectamente unidos en mente y pensamiento."
- **Promoción de un Espíritu de Unidad**
- La unidad se fomenta a través de acciones y actitudes intencionales:
- Humildad y Mansedumbre: Reconocer nuestras propias imperfecciones nos ayuda a acercarnos a los demás con gracia (Filipenses 2:3-4).
- Paciencia y Tolerancia: Soportarnos unos a otros en amor, incluso cuando surgen diferencias (Efesios 4:2).
- Priorización del Terreno Común: Enfocarse en creencias compartidas en Cristo en lugar de problemas secundarios (Romanos 14:19).
- Paz y Conciliación: Trabajar activamente para resolver conflictos y promover la armonía (Mateo 5:9).

- **El Rol del Liderazgo en la Iglesia**
- Los líderes de la iglesia juegan un papel crucial en el fomento de la unidad al enseñar una doctrina sólida, modelar la reconciliación y abordar los conflictos con sabiduría y compasión (Tito 1:9).

La Iglesia como Reflejo del Reino de Dios

La unidad de la iglesia sirve como un anticipo del reino venidero de Dios, donde personas de toda nación, etnia y lengua adorarán juntas en perfecta armonía.

- **Un Cuerpo Diverso Pero Unido**
- La iglesia está compuesta por individuos con diferentes dones, antecedentes y perspectivas, pero todos están unidos bajo un solo Señor. Pablo enfatiza esto en 1 Corintios 12:12-13: "Porque así como el cuerpo es uno solo y tiene muchos miembros, pero todos los miembros forman un solo cuerpo, así es Cristo. Pues todos fuimos bautizados por un solo Espíritu para formar un solo cuerpo."
- Esta diversidad enriquece a la iglesia, demostrando la naturaleza multifacética de la gracia y creatividad de Dios.
- **La Unidad como Testimonio al Mundo**
- La unidad de la iglesia muestra el poder transformador del evangelio. Cuando los creyentes viven en armonía a pesar de sus diferencias, reflejan la obra reconciliadora de Dios y atraen a otros hacia Él. Jesús declaró, "De este modo todos sabrán que

son mis discípulos, si se aman los unos a los otros" (Juan 13:35).

- **Anticipando el Reino**
- La unidad de la iglesia en la tierra es un adelanto de la unidad eterna que los creyentes experimentarán en el cielo. Apocalipsis 7:9 pinta un cuadro de este futuro: "Después de esto miré, y vi una gran multitud que nadie podía contar, de todas las naciones, tribus, pueblos y lenguas, de pie delante del trono y en presencia del Cordero."

Pasos Prácticos para Cultivar la Unidad en la Iglesia

1. Fomentar la Comunicación Abierta
Fomentar un ambiente donde los miembros se sientan seguros para expresar preocupaciones y resolver desacuerdos con respeto.
2. Enfatizar la Misión Compartida
Recordar a la iglesia su misión colectiva de difundir el evangelio y servir a los demás. La unidad crece cuando los miembros se centran en un propósito común.
3. Celebrar la Diversidad
Reconocer y valorar los diferentes dones y perspectivas dentro de la iglesia, entendiendo que cada uno contribuye al conjunto.
4. Participar en la Oración y Adoración Comunitaria
Reunirse para buscar a Dios a través de la oración y la adoración fortalece los lazos y alinea los corazones con Su voluntad.

5. Practicar la Responsabilidad Mutua
Mantenerse mutuamente responsables en amor, fomentando el crecimiento en la fe y el carácter (Hebreos 10:24-25).

Una Iglesia Unida para la Gloria de Dios
La unidad en el cuerpo de Cristo es tanto un mandato como un privilegio. A medida que los creyentes buscan la reconciliación, superan divisiones y abrazan su identidad compartida en Cristo, la iglesia se convierte en un poderoso reflejo del reino de Dios. Viviendo en unidad, la iglesia glorifica a Dios, avanza Su misión y ofrece al mundo un testimonio convincente de Su amor y gracia.
"¡Cuán bueno y agradable es que el pueblo de Dios viva unido!" — Salmo 133:1

PARTE IV

VIVIENDO UNA VIDA DE RECONCILIACIÓN

10

LA RECONCILIACIÓN COMO MINISTERIO

- Convertirse en embajadores de la reconciliación (2 Corintios 5:20).
- Compartir el mensaje de reconciliación con el mundo.
- Viviendo una Vida de Reconciliación — La Reconciliación como Ministerio

La reconciliación no solo es algo que experimentamos, sino también un llamado que se nos confía como seguidores de Cristo. Cada creyente está comisionado a vivir y compartir el ministerio de la reconciliación, sirviendo como embajadores de la paz y la restauración de Dios en un mundo quebrantado. Este capítulo explora lo que significa ser un embajador de la reconciliación, cómo vivir este llamado diariamente y la importancia de compartir el mensaje de reconciliación con otros.

Convertirse en Embajadores de la Reconciliación (2 Corintios 5:20)

Como cristianos, estamos llamados a participar activamente en la obra de reconciliación de Dios. Pablo destaca este papel en 2 Corintios 5:20: "Así que somos embajadores de Cristo, como si Dios les hiciera a ustedes su llamado por medio de nosotros. En nombre de Cristo les rogamos: Reconcíliense con Dios."

- **¿Qué Significa Ser un Embajador?**
- Un embajador es un representante enviado a transmitir el mensaje y los intereses de su remitente. Como embajadores de Cristo, representamos Su reino y llevamos el mensaje de reconciliación dondequiera que vayamos.
- **Hablamos en Nombre de Cristo:** Nuestras palabras y acciones deben reflejar el amor y la verdad de Cristo.
- **Vivimos como Ejemplos de Reconciliación:** Nuestras vidas deben demostrar el poder transformador de estar reconciliados con Dios.
- **La Reconciliación como Nuestra Misión Central**
- El ministerio de la reconciliación no es una tarea separada para algunos creyentes, sino que es central al mensaje del evangelio y a la misión de la iglesia. Así como Cristo nos reconcilió con Dios, estamos llamados a extender esa misma gracia a otros.
- **Viviendo como Embajadores de la Reconciliación**

- Vivir una vida de reconciliación implica tanto la transformación personal como el compromiso activo en el mundo.
- **Practicando la Reconciliación en la Vida Diaria**
- La reconciliación comienza en nuestras relaciones más cercanas: familia, amigos y compañeros creyentes. Al buscar constantemente la paz y la restauración, imitamos la obra reconciliadora de Dios.
- **Busca la Paz con los Demás:** "Si es posible, en cuanto dependa de ustedes, vivan en paz con todos" (Romanos 12:18).
- **Resuelve Conflictos Rápidamente:**
- Jesús nos instruye a priorizar la reconciliación: "Por tanto, si estás presentando tu ofrenda en el altar y allí recuerdas que tu hermano tiene algo contra ti, deja tu ofrenda allí... Primero ve y reconcíliate" (Mateo 5:23-24).
- **Extendiendo la Reconciliación Más Allá de los Círculos Personales**
- Nuestro ministerio de reconciliación se extiende más allá de las relaciones personales hacia nuestras comunidades y el mundo.
- **Participando en la Reconciliación Social y Cultural:**
- Como embajadores, estamos llamados a abordar las injusticias sistémicas, promover la sanación en comunidades divididas y abogar por la paz. Miqueas 6:8 nos desafía: "A actuar con justicia, amar la misericordia y caminar humildemente con tu Dios."

- **Tendiendo Puentes:**
- En un mundo marcado por el conflicto, los creyentes pueden ser instrumentos de paz y unidad, fomentando el diálogo y la comprensión.

Compartiendo el Mensaje de Reconciliación con el Mundo

El mensaje de la reconciliación es central en el evangelio, y a cada creyente se le confía su proclamación.

- **El Evangelio como el Mensaje de Reconciliación**
- Pablo describe el corazón de este mensaje en 2 Corintios 5:18-19: "Todo esto proviene de Dios, quien nos reconcilió consigo mismo por medio de Cristo y nos dio el ministerio de la reconciliación: que Dios estaba reconciliando consigo al mundo en Cristo, sin contarles sus pecados."
- **Proclamando el Perdón y la Restauración:**
- Nuestro mensaje es de esperanza, enfatizando que, a través de Cristo, todos pueden encontrar el perdón, la paz con Dios y relaciones restauradas.
- **Llamando a Otros a Reconciliarse con Dios:**
- Al igual que Pablo urgía a los corintios, también nosotros estamos llamados a instar a otros a aceptar la oferta de reconciliación de Dios mediante la fe en Jesús.
- **Equipando a Otros para el Ministerio de Reconciliación**

- La iglesia es un centro de formación donde los creyentes son equipados para llevar a cabo este ministerio. A través del discipulado, la enseñanza y el mentorazgo, preparamos a otros para compartir y vivir el mensaje de reconciliación.
- **La Reconciliación como Parte del Evangelismo**
- Compartir el evangelio implica más que palabras: requiere vivir los principios de la reconciliación en nuestras interacciones diarias. Cuando otros son testigos de nuestras vidas marcadas por la paz, el perdón y la unidad, son atraídos al amor reconciliador de Cristo.
- **El Impacto Global de la Reconciliación**
- La reconciliación no es sólo un esfuerzo personal o local: tiene un significado global.
- **La Iglesia como un Testimonio Unificado**
- Una iglesia reconciliada y unida sirve como un poderoso testimonio para el mundo. Jesús oró en Juan 17:23: "Yo en ellos, y tú en mí, para que sean completamente uno. Así el mundo sabrá que me enviaste y que los has amado a ellos tal como me has amado a mí."
- Cuando los creyentes trabajan juntos a través de fronteras culturales, denominativas y nacionales, reflejan la unidad y el amor del reino de Dios.
- **El Papel de la Reconciliación en las Misiones**
- La reconciliación es un aspecto clave de las misiones globales. Al compartir el evangelio, ayudamos a las personas a reconciliarse con Dios y entre sí, transformando comunidades y naciones. Isaías 52:7

celebra esta misión: "¡Qué hermosos son sobre los montes los pies del que trae alegres nuevas, que proclama la paz, que trae buenas nuevas, que proclama la salvación."

Un Ministerio de Reconciliación de por Vida

Vivir una vida de reconciliación es un llamado que refleja el corazón de Dios y promueve su reino. Como embajadores de la reconciliación, tenemos el privilegio de compartir el mensaje del amor y la restauración de Dios con un mundo quebrantado. A través de nuestras palabras y acciones, ayudamos a otros a experimentar la paz y la unidad que provienen de estar reconciliados con Dios y entre sí.

"Bienaventurados los pacificadores, porque serán llamados hijos de Dios." — Mateo 5:9

11

HERRAMIENTAS PRÁCTICAS PARA LA PACIFICACIÓN

- Estrategias de resolución de conflictos basadas en principios bíblicos.
- Cómo manejar conversaciones difíciles con gracia.
- Promover la paz en familias, lugares de trabajo y comunidades.

La pacificación es una expresión tangible de nuestra fe y una parte vital de vivir una vida de reconciliación. Ya sea resolviendo conflictos en relaciones personales o fomentando la armonía en comunidades más grandes, los creyentes están llamados a ser pacificadores. Este capítulo proporciona herramientas prácticas para la resolución de conflictos, ofrece orientación para manejar conversaciones difíciles y explora maneras de promover la paz en familias, lugares de trabajo y comunidades.

Estrategias de Resolución de Conflictos Basadas en Principios Bíblicos

La Biblia proporciona sabiduría eterna para abordar y resolver conflictos. Estos principios nos guían en la búsqueda de la paz y la reconciliación.

- **Busca Primero la Guía de Dios**
- La oración debe ser la base de cualquier esfuerzo de pacificación. Pide a Dios sabiduría, claridad y un corazón humilde. Santiago 1:5 nos asegura: "Si alguno de ustedes tiene falta de sabiduría, pídala a Dios, quien da generosamente a todos sin reproche, y le será dada."
- **Aborda el Conflicto Directa y Privadamente**
- Jesús enseña en Mateo 18:15: "Si tu hermano peca contra ti, ve y corrígelo a solas con él." Abordar los conflictos en privado ayuda a prevenir el chisme y permite conversaciones honestas y enfocadas.
- **Enfócate en el Problema, No en la Persona**
- Efesios 4:29 nos anima a una comunicación constructiva: "No salga de vuestra boca palabra malsana, sino sólo la que sea buena para edificación."
- **taca el problema, no a la persona,** para mantener el respeto y la dignidad durante las discusiones.
- **Busca Entender Antes de Ser Entendido:** Proverbios 18:13 advierte, "Responder antes de escuchar es necedad y vergüenza."
- La escucha activa demuestra empatía y puede disipar la tensión. Esfuérzate por entender la perspectiva de la otra persona antes de presentar la tuya propia.

- **Persigue el Perdón y la Reconciliación**
- La verdadera resolución implica el perdón. Colosenses 3:13 nos recuerda: "Perdona como el Señor te perdonó a ti."

Cómo Manejar Conversaciones Difíciles con Gracia

Las conversaciones difíciles pueden ser incómodas, pero a menudo son necesarias para la reconciliación y el crecimiento. Manejar estos momentos con gracia refleja el amor y la sabiduría de Dios.

1. Prepara Tu Corazón y Mente
Antes de involucrarte en una conversación difícil, tómate un tiempo para reflexionar y orar. Asegúrate de que tus motivos sean puros y estén alineados con el deseo de reconciliación, no de venganza o autocomplacencia.
2. Elige el Momento y Lugar Adecuados
El momento y el entorno importan. Elige un momento cuando ambas partes puedan concentrarse y selecciona un entorno que fomente un diálogo abierto y tranquilo.
3. Usa Declaraciones con "Yo" en Lugar de Declaraciones con "Tú"
Expresa tus sentimientos y preocupaciones sin culpar o acusar. Por ejemplo, di, "Me sentí herido cuando..." en lugar de, "Tú siempre...". Este enfoque minimiza las actitudes defensivas.
4. Mantén la Calma y Maneja las Emociones
Proverbios 15:1 ofrece sabio consejo: "La respuesta calmada aparta la ira, pero la palabra áspera levanta furor."

Mantén un tono calmado, y si las emociones se intensifican, considera pausar la conversación para recuperar la compostura.

5. Reconoce Tu Culpa y Ofrece Disculpas

Asume la responsabilidad de tu parte en el conflicto, incluso si parece pequeña. Las disculpas genuinas pueden ablandar corazones y allanar el camino para la resolución.

6. Termina con una Nota Positiva

Expresa gratitud por la voluntad de la otra persona para participar y enfatiza tu deseo de paz y una relación más fuerte en el futuro.

Promoviendo la Paz en Familias, Lugares de Trabajo y Comunidades

La pacificación no se limita a los conflictos personales; se extiende a todas las esferas de la vida. Los creyentes están llamados a ser agentes de paz dondequiera que vayan.

- **En la Familia**
- Modela un Comportamiento Cristiano
- Los niños y demás miembros de la familia aprenden con el ejemplo. Demuestra paciencia, gentileza y humildad en tus interacciones (Colosenses 3:12).
- Fomenta la Comunicación Abierta
- Crea un entorno seguro para que los miembros de la familia expresen sus pensamientos y sentimientos sin miedo a ser juzgados o recibir represalias.
- Establece Límites Saludables

- Los límites ayudan a prevenir malentendidos y promueven el respeto mutuo. Sé claro acerca de las expectativas y las consecuencias, especialmente en la crianza.

- **En Lugares de Trabajo**
- Promover una Cultura de Respeto
- Muestra respeto a los colegas, incluso durante desacuerdos. Romanos 12:10 aconseja: "Honrad a los demás por encima de vosotros mismos."
- Ser un Mediador
- Cuando surjan tensiones, ofrécete a mediar entre las partes en conflicto, fomentando el entendimiento y el compromiso.
- Evitar el Chisme y la Negatividad
- El chisme alimenta la división. En su lugar, pronuncia palabras que edifiquen y promuevan la unidad (Efesios 4:29).

- **En Comunidades**
- Participar en Actividades de Construcción Comunitaria
- Involúcrate en esfuerzos que promuevan la unidad, como el trabajo voluntario, los diálogos interreligiosos o los eventos comunitarios.
- Abogar por la Justicia y la Paz
- Defiende a los grupos marginados y trabaja para abordar las injusticias sociales. Miqueas 6:8 nos llama a "actuar con justicia y amar la misericordia."
- Ser una Voz de Reconciliación

- Fomenta el diálogo y la comprensión entre grupos divididos, ya sea por raza, cultura o creencias.
- Promover la Paz como un Estilo de Vida

Promover la paz es tanto un llamado como una habilidad que requiere esfuerzo intencional, guiado por principios bíblicos. Al resolver conflictos, participar en conversaciones difíciles con gracia, y promover la paz en todas las áreas de la vida, los creyentes reflejan el carácter de Dios y avanzan Su reino.
"Bienaventurados los pacificadores, porque serán llamados hijos de Dios." — Mateo 5:9

12

LA PERSPECTIVA ETERNA

- Reconciliación en el contexto del plan eterno de Dios (Apocalipsis 21:1-4).
- La esperanza de la reconciliación final en el cielo.
- Vivir con una mentalidad eterna que prioriza la restauración.

La reconciliación no es meramente una solución temporal a los conflictos terrenales, sino un aspecto profundo del plan eterno de Dios. En la gran narrativa de las Escrituras, el objetivo final de Dios es reconciliar todas las cosas a Sí mismo, culminando en el nuevo cielo y la nueva tierra. Este capítulo explora la reconciliación dentro del contexto de la eternidad, la esperanza de la restauración última, y cómo vivir con una perspectiva eterna moldea nuestro enfoque para hacer la paz y la restauración.

Reconciliación en el Contexto del Plan Eterno de Dios (Apocalipsis 21:1-4)

La historia de la reconciliación alcanza su cumplimiento en los capítulos finales de Apocalipsis, donde Dios desvela Su plan eterno para la humanidad y la creación.

- **El Nuevo Cielo y la Nueva Tierra**
- Apocalipsis 21:1-4 presenta una visión de la reconciliación final: "Y vi un cielo nuevo y una tierra nueva, porque el primer cielo y la primera tierra habían pasado, y el mar ya no existía más. Y vi la Ciudad Santa, la nueva Jerusalén, que descendía del cielo, de Dios... Y oí una gran voz del trono que decía: '¡Mira! El lugar de residencia de Dios está ahora entre el pueblo, y él morará con ellos. Ellos serán su pueblo, y Dios mismo estará con ellos y será su Dios. Él secará toda lágrima de sus ojos. No habrá más muerte ni lamento, ni llanto ni dolor, porque el orden antiguo de las cosas ha pasado."
- Este pasaje revela el objetivo final de Dios: completa restauración y unidad con Su pueblo. La separación causada por el pecado será erradicada, y Dios morará entre Su pueblo en perfecta armonía.
- **La Reconciliación de Toda la Creación**
- No solo la humanidad será reconciliada con Dios, sino que toda la creación será restaurada. Como escribe Pablo en Romanos 8:21, "La creación misma será liberada de la esclavitud de corrupción para alcanzar la libertad gloriosa de los hijos de Dios."

La Esperanza de la Reconciliación Final en el Cielo
La esperanza del cielo proporciona a los creyentes la seguridad de que toda ruptura y división serán un día reparadas.

- **Comunión Perfecta con Dios**
- En el cielo, los creyentes experimentarán una comunión ininterrumpida con Dios. Las barreras del pecado y la imperfección serán eliminadas, permitiendo una adoración y comunión perfectas.
- **Relaciones Restauradas con los Demás**
- Las divisiones, malentendidos y conflictos que plagan las relaciones terrenales serán sanados. Apocalipsis 7:9 pinta un cuadro de unidad: "Después de esto miré, y había una gran multitud que nadie podía contar, de todas las naciones, tribus, pueblos y lenguas, de pie delante del trono y delante del Cordero."
- En el cielo, las personas de todos los ámbitos de la vida alabarán juntas en perfecta armonía.
- **El Fin del Sufrimiento y la Injusticia**
- La esperanza del cielo incluye el fin de todo sufrimiento, dolor e injusticia. Esta reconciliación final da a los creyentes la fuerza para soportar dificultades y buscar justicia en la tierra.

Vivir con una Mentalidad Eterna que Priorice la Restauración

Una perspectiva eterna transforma cómo los creyentes viven e interactúan con los demás.

- **Enfocarse en lo que Realmente Importa**
- Colosenses 3:2 exhorta: "Pongan la mira en las cosas de arriba, no en las de la tierra."
- Con la eternidad en vista, los conflictos y agravios temporales pierden su dominio. Priorizar la reconciliación se convierte en una respuesta natural cuando reconocemos la naturaleza fugaz de las disputas terrenales en comparación con la paz eterna del cielo.
- **Invertir en las Relaciones**
- Pues las relaciones tienen una significatividad eterna, los creyentes están llamados a nutrirlas y restaurarlas. Jesús enfatizó esto cuando dijo: "No acumulen para ustedes tesoros en la tierra... Sino acumulen para ustedes tesoros en el cielo" (Mateo 6:19-20). Las relaciones caracterizadas por amor, perdón y unidad están entre los tesoros que perduran.
- **Buscar la Reconciliación como Testimonio**
- Vivir con una mentalidad eterna motiva a los creyentes a reflejar el amor reconciliador de Dios en sus vidas diarias. Este testimonio atrae a otros hacia la esperanza y la paz que se encuentra en Cristo. Como escribe Pablo en Filipenses 2:15, "Entonces brillaréis entre ellos como estrellas en el cielo mientras os mantengáis firmes en la palabra de vida."
- **Perseverar a Través de los Desafíos**
- La esperanza de la reconciliación final empodera a los creyentes a perseverar en las luchas relacionales y

espirituales. 2 Corintios 4:17 nos anima: "Porque nuestros sufrimientos leves y momentáneos están logrando para nosotros una gloria eterna que supera con mucho a todos ellos."

Pasos Prácticos para Vivir con una Perspectiva Eterna

- **Reflexión Diaria sobre la Eternidad**
- Toma tiempo para meditar en las promesas del reino eterno de Dios. Esta práctica realinea tus prioridades y fomenta un corazón de gratitud y paz.
- **Extender Gracia y Perdón Libremente**
- Reconocer que cada creyente está en un viaje hacia la reconciliación final nos ayuda a extender gracia en momentos de conflicto.
- **Ser un Pacificador en Cada Esfera**
- Usa tu tiempo e influencia para fomentar la paz y unidad en tu familia, la iglesia, el lugar de trabajo y la comunidad.
- **Animar a Otros con la Esperanza del Cielo**
- Cuando otros enfrentan desánimo o desesperación, recuérdales la esperanza eterna que les espera.

Reconciliación a la Luz de la Eternidad

La reconciliación es central en el plan eterno de Dios, y los creyentes están llamados a vivir con esa perspectiva eterna. Al abrazar la esperanza de la reconciliación final y priorizar la restauración en nuestras vidas terrenales, nos alineamos con el corazón de Dios y nos preparamos para el día en que todas las cosas serán hechas nuevas.

"Él que estaba sentado en el trono dijo: '¡Yo hago nuevas todas las cosas!' Luego dijo: 'Escribe, porque estas palabras son verdaderas y dignas de confianza.'" — Apocalipsis 21:5

13

EL VIAJE CONTINÚA

- La reconciliación como un proceso continuo.
- Ánimo para perseverar en la búsqueda de la paz y la restauración.
- Un llamado final a la acción: "Sed reconciliados" (2 Corintios 5:20).

El Viaje Continúa — La Reconciliación como un Proceso Continuo

La reconciliación no es un evento único sino un viaje continuo. Requiere crecimiento continuo, perseverancia y dependencia de Dios. Como creyentes, estamos llamados a buscar la paz y la restauración diariamente, en nuestras relaciones con Dios, los demás e incluso nosotros mismos. Este capítulo final proporciona aliento para permanecer en el camino, abrazando la reconciliación como una misión de toda la vida, y termina con un poderoso llamado a la acción: "Sed reconciliados."

Ánimo para Perseverar en la Búsqueda de la Paz y la Restauración

El camino de la reconciliación suele ser desafiante, lleno de momentos de progreso y retrocesos. Sin embargo, la Escritura insta repetidamente a los creyentes a perseverar en este trabajo sagrado.

- **La reconciliación como un viaje de toda la vida**
- **Santificación y crecimiento:** La reconciliación es parte de nuestra santificación: el proceso de ser más como Cristo. Filipenses 1:6 nos asegura: "Aquel que comenzó una buena obra en ustedes, la llevará a cabo hasta el día de Cristo Jesús. Cada paso de reconciliación, por pequeño que sea, contribuye a la obra continua de Dios en nuestras vidas.
- **Esfuerzo sostenido en las relaciones:** Así como crecemos en nuestra relación con Dios, nuestras relaciones con los demás requieren una inversión continua.
- Efesios 4:2-3 nos recuerda: "Sean completamente humildes y amables; sean pacientes, soportándose unos a otros en amor. Hagan todo lo posible por mantener la unidad del Espíritu mediante el vínculo de la paz."
- **Encontrar Fuerza en las promesas de Dios:** El camino de la reconciliación puede ser agotador, pero

Dios nos proporciona la fuerza que necesitamos. Isaías 40:31 ofrece esperanza: "Pero los que esperan en el Señor renovarán sus fuerzas. Volarán con alas como águilas; correrán y no se cansarán; caminarán y no se fatigarán."
- **Superar los desafíos y la resistencia:** El enemigo busca interrumpir la reconciliación, sembrando semillas de división y desánimo. Pero Romanos 12:21 nos anima: "No te dejes vencer por el mal, sino vence el mal con el bien." Perseverar en la reconciliación es una batalla espiritual, pero Dios nos equipó para ganarla.

Un llamado final a la acción: "Reconcíliense" (2 Corintios 5:20)

Las palabras de Pablo en 2 Corintios 5:20 resumen la misión de cada creyente: "Somos embajadores de Cristo, como si Dios hiciera su llamado a través de nosotros. Les imploramos en nombre de Cristo: Reconcíliense con Dios."

- **Reconciliados con Dios**
- Esta es la base de toda reconciliación. Todo fluye de una relación restaurada con Dios. El arrepentimiento diario, la oración y el tiempo en Su Palabra mantienen esta relación fuerte.
- **Reconciliados con los demás**
- Como embajadores de Cristo, estamos llamados a llevar la reconciliación a nuestras relaciones. Ya sea a

través del perdón, sanando heridas pasadas o abordando conflictos continuos, debemos buscar activamente la paz.

- **Reconciliados con nosotros mismos**
- Muchas personas luchan con conflicto interno, culpa y vergüenza. El amor de Dios nos invita a encontrar paz en nuestro interior al aceptar Su perdón y abrazar nuestra identidad en Cristo.

Viviendo el llamado: pasos prácticos para la reconciliación continua

1. Examina tu Corazón a Diario
Pídele regularmente a Dios que revele áreas donde se necesita reconciliación en tu vida. Salmo 139:23-24 ofrece una oración poderosa: "Examíname, oh, Dios, y conoce mi corazón; pruébame y conoce mis pensamientos ansiosos. Ve si hay en mí camino de perversidad y guíame en el camino eterno."
2. Prioriza las relaciones
No dejes que los conflictos se enquisten. Busca la resolución rápidamente, siguiendo el ejemplo de Mateo 5:23-24: "Si estás dando tu ofrenda en el altar y allí recuerdas que tu hermano o hermana tiene algo contra ti, deja allí tu ofrenda... Primero ve y reconcíliate."
3. Cultiva un espíritu de humildad y gracia
La reconciliación requiere humildad, disposición para admitir errores y la gracia para perdonar. Filipenses 2:3-4 nos anima: "No hagan nada por egoísmo o vanagloria. Más

bien, con humildad, consideren a los demás como superiores a ustedes mismos."

4. Permanece arraigado en la comunidad

La reconciliación a menudo florece dentro del apoyo de una comunidad de fe. Rodéate de creyentes que te animen y desafíen en tu camino de restauración.

Apuntando hacia la reconciliación definitiva

La obra de la reconciliación nos guía hacia la reconciliación definitiva que tendrá lugar en la eternidad. Apocalipsis 21:3-4 promete un día cuando todas las cosas serán hechas nuevas y la armonía perfecta será restaurada: "Ellos serán su pueblo, y Dios mismo estará con ellos y será su Dios. Enjugará toda lágrima de sus ojos. No habrá más muerte, ni llanto, ni lamento, ni dolor, porque el orden anterior de las cosas ha pasado."

Hasta ese día, estamos llamados a perseverar en el ministerio de la reconciliación, confiados en que nuestros esfuerzos tienen un significado eterno.

Un compromiso de por vida

La reconciliación no es un destino, sino un viaje que continúa hasta que estamos unidos con Cristo en la eternidad. Cada paso que damos hacia la paz y la restauración refleja el corazón de Dios y nos acerca a Su plan eterno.

Al cerrar este capítulo, escucha el llamado de 2 Corintios 5:20 resonando en tu corazón: "Sed reconciliados."

Vive como un embajador de la reconciliación, llevando el mensaje del amor y paz de Dios a cada rincón de tu vida. A través de tus esfuerzos, que otros experimenten el poder transformador de la gracia de Dios y se unan en el viaje hacia la restauración final.

APÉNDICES

PREGUNTAS DE REFLEXIÓN PARA CADA CAPÍTULO.

Agregar preguntas de reflexión ayuda a los lectores a interiorizar las lecciones de cada capítulo y aplicarlas a sus propias vidas. Aquí hay una lista de sugerencias reflexivas para cada capítulo de Sed Reconciliados Reinicio.

1. COMPRENDIENDO LA NECESIDAD DE RECONCILIACIÓN

¿Cómo ha generado distancia el pecado en tu relación con Dios o con otros?

¿De qué maneras has visto las consecuencias de la separación de Dios en tu vida?

¿Qué significa para ti el papel de Jesús como puente entre Dios y la humanidad?

2. ABRAZAR EL PERDÓN DE DIOS

¿Hay un área específica en tu vida donde necesitas confesar y buscar perdón?

¿Cómo cambia el entendimiento de la gracia de Dios tu visión de ti mismo y de tu pasado?

¿Qué pasos puedes tomar para abrazar plenamente el amor incondicional de Dios?

3. VIVIENDO COMO UNA NUEVA CREACIÓN

¿Cómo se refleja ser una "nueva creación" en Cristo en tu vida diaria?

¿Hay áreas de tu vida donde luchas por abrazar tu nueva identidad en Cristo?

¿Cómo puedes cultivar un camino más profundo de obediencia y fe?

4. SANANDO HERIDAS DEL PASADO

¿Hay heridas del pasado que continúan influyendo en tus relaciones o decisiones presentes?

¿Cómo puedes permitir que Dios use tu dolor para Su propósito?

¿Qué pasos prácticos puedes dar hacia el auto-perdón y la sanación?

5. RENOVANDO LA MENTE

¿Qué creencias negativas o falsas están dando forma a tus pensamientos y comportamiento?

¿Cómo puedes reemplazar esas mentiras con la verdad de la Palabra de Dios?

¿Qué prácticas pueden ayudarte a cultivar una mentalidad de paz y gratitud?

6. ABRAZANDO TU PROPÓSITO DADO POR DIOS

¿Has descubierto tu llamado único en Cristo? Si no, ¿cómo puedes empezar a buscarlo?

¿Cómo te ha ayudado la reconciliación con Dios a encontrar mayor satisfacción y propósito?

¿Qué acciones específicas puedes tomar para vivir tu propósito esta semana?

7. EL MANDATO DE PERDONAR

¿Hay alguien a quien necesitas perdonar, pero te cuesta hacerlo?

¿Qué malentendidos sobre el perdón podrían estar deteniéndote?

¿Cómo puedes ver el perdón como un acto de obediencia y libertad?

8. BUSCAR Y OFRECER RECONCILIACIÓN

¿Hay relaciones rotas en tu vida que necesitan reconciliación?

¿Cómo pueden la humildad y la vulnerabilidad desempeñar un papel en tus esfuerzos por reconciliarse?

¿Qué límites puedes establecer para asegurar que la reconciliación sea saludable y sostenible?

9. UNIDAD EN EL CUERPO DE CRISTO

¿De qué maneras has contribuido a la división dentro de tu iglesia o comunidad de fe?

¿Cómo puedes promover la unidad y la reconciliación en tu iglesia local?

¿Qué pasos prácticos puede tomar tu iglesia para reflejar más plenamente el reino de Dios?

10. VIVIENDO UNA VIDA DE RECONCILIACIÓN — LA RECONCILIACIÓN COMO MINISTERIO

¿Cómo puedes vivir como un embajador de la reconciliación en tus interacciones diarias?

¿Qué personas en tu vida necesitan escuchar el mensaje de reconciliación?

¿Qué pasos específicos puedes tomar para compartir el amor y la paz de Dios con los demás?

11. HERRAMIENTAS PRÁCTICAS PARA LA PACIFICACIÓN

¿Cómo manejas típicamente el conflicto? ¿Hay formas en que puedes mejorar?

¿Qué principio bíblico para la resolución de conflictos resuena más contigo? ¿Por qué?

¿En qué área de tu vida—familia, lugar de trabajo o comunidad—puedes ser un mayor promotor de la paz?

12. LA PERSPECTIVA ETERNA

¿Cómo afecta tu visión de las luchas terrenales la promesa de una reconciliación última en el cielo ?

¿Qué cambios puedes hacer en tu vida para priorizar lo que tiene significado eterno?

¿Cómo influye vivir con una mentalidad eterna en tu enfoque hacia las relaciones y la reconciliación?

13. EL VIAJE CONTINÚA — LA RECONCILIACIÓN COMO UN PROCESO EN CURSO

¿De qué maneras puedes seguir creciendo en reconciliación con Dios, con otros y contigo mismo?

¿Qué desafíos has enfrentado al buscar la reconciliación y cómo puedes perseverar a través de ellos?

¿Cómo puedes vivir el llamado a "ser reconciliado" como un embajador para Cristo?

Animo a los lectores a volver a revisar estas preguntas con el tiempo, utilizando respuestas personales como una herramienta para el crecimiento y la reflexión mientras avanzan hacia una reconciliación más profunda en cada área de la vida.

ORACIONES POR LA RECONCILIACIÓN (PERSONAL, RELACIONAL Y COMUNITARIA)

1. Oración por la Reconciliación con Dios

Padre Celestial,
Me presento ante Ti con un corazón humilde, buscando Tu perdón y gracia.
Me he apartado de Tu camino y he dejado que el pecado se interponga entre nosotros.
Pero sé que a través del sacrificio de Tu Hijo, Jesucristo,
Puedo ser restaurado y reconciliado contigo.
Crea en mí un corazón limpio, oh Dios,
y renueva un espíritu firme dentro de mí.
Ayúdame a andar en Tus caminos y reflejar Tu amor en todo lo que hago.
En el nombre de Jesús, Amén.

2. Oración por la Reconciliación con los Demás
Señor Jesús,
Nos enseñaste a amarnos unos a otros como Tú nos has amado.
Ayúdame a perdonar a quienes me han ofendido
y a buscar el perdón de aquellos a quienes he ofendido.
Trae sanación a nuestras relaciones, y que Tu paz reine en nuestros corazones.
Remueve cualquier amargura, orgullo o ira,
y reemplázalo con humildad, comprensión y compasión.
Que seamos instrumentos de Tu paz,
llevando unidad y amor donde quiera que haya división.
Amén.

3. Oración por la Reconciliación Familiar
Padre Misericordioso,
Levanto a mi familia ante Ti, pidiendo sanación y restauración.
Donde ha habido malentendidos o heridas,
trae claridad, consuelo y perdón.
Ayúdanos a vernos unos a otros a través de Tus ojos,
con amor y compasión.
Fortalece los lazos que nos unen,
y que Tu Espíritu nos guíe a una mayor armonía.
En Tu amor, encontramos la gracia para reconstruir la confianza.
En el nombre de Jesús, Amén.

4. Oración por la Reconciliación en la Comunidad o la Nación

Dios de la paz y la justicia,
Nuestras comunidades y naciones están divididas por conflictos, prejuicios y malentendidos.
Oramos por la reconciliación y la unidad.
Ablanda corazones endurecidos y une a las personas a través de las divisiones.
Guía a nuestros líderes a buscar la justicia y la paz.
Ayúdanos, como Tu pueblo, a ser pacificadores,
reflejando Tu amor y gracia en nuestras acciones y palabras.
Confiamos en Tu poder para sanar la fractura y restaurar la unidad.
En el nombre de Cristo, el Príncipe de Paz, Amén.

Estas oraciones pueden adaptarse a necesidades personales o comunitarias. La reconciliación requiere tanto guía divina como esfuerzo humano, arraigados en la fe y el amor.

RECURSOS RECOMENDADOS

(LIBROS, SERMONES Y GUÍAS DE ESTUDIO SOBRE RECONCILIACIÓN)

- https://thepraywarrior.com/15-great-prayers-for-reconciliation-and-healing
- 11 Poderosas Oraciones para la Comunidad con Escrituras

NOTAS Y REFERENCIAS

REFERENCIAS BÍBLICAS SOBRE RECONCILIACIÓN

Reconciliación con Dios:

2 Corintios 5:18-19

"Y todo esto proviene de Dios, quien nos reconcilió consigo mismo por medio de Cristo y nos dio el ministerio de la reconciliación. Porque Dios estaba reconciliando al mundo consigo mismo en Cristo, no tomando en cuenta los pecados de las personas. Y nos encomendó el mensaje de la reconciliación."

Este pasaje enfatiza que la reconciliación está en el corazón del Evangelio. A través de Cristo, los creyentes son reconciliados con Dios y llamados a compartir esta reconciliación con otros.

Romanos 5:10

"Porque si, cuando éramos enemigos de Dios, fuimos reconciliados con él mediante la muerte de su Hijo, ¡mucho más, habiendo sido reconciliados, seremos salvos por su vida!"

Este versículo destaca la iniciativa de Dios al restaurar nuestra relación rota a través del sacrificio de Cristo.

Reconciliación con el Prójimo

Mateo 5:23-24

"Por tanto, si traes tu ofrenda al altar, y allí te acuerdas de que tu hermano tiene algo contra ti, deja allí tu ofrenda delante del altar, y anda, reconcíliate primero con tu hermano, y entonces ven y presenta tu ofrenda."

Jesús enseña que la reconciliación con los demás es una prioridad, incluso sobre los rituales religiosos.

Colosenses 3:13

"Soportándoos unos a otros, y perdonándoos unos a otros si alguno tiene queja contra otro. Perdonad como el Señor os perdonó."

El perdón es un paso crucial en la reconciliación, reflejando el perdón de Dios.

Unidad y Paz

Efesios 2:14-16

"Porque él es nuestra paz, que de ambos pueblos hizo uno, derribando la pared intermedia de separación, aboliendo en su carne las enemistades, la ley de los mandamientos expresados en ordenanzas, para crear en sí mismo de los dos un solo y nuevo hombre, haciendo la paz, y mediante la cruz reconciliar con Dios a ambos en un solo cuerpo, matando en ella las enemistades."

Este pasaje habla del papel de Cristo en romper las divisiones, reconciliando a las personas entre sí y con Dios.

Hebreos 12:14

"Seguid la paz con todos, y la santidad, sin la cual nadie verá al Señor."

Los cristianos están llamados a buscar activamente la paz y la reconciliación.

CONCEPTOS Y TEMAS DE APOYO

Perdón

El perdón es fundamental para la reconciliación. Jesús enfatiza esto en la oración del Señor:

"Perdónanos nuestras deudas, como también nosotros perdonamos a nuestros deudores".

Parábola del Siervo Ingrato (Mateo 18:21-35)

Enseña la necesidad de perdonar a los demás, como Dios nos perdona a nosotros.

Pacificación

Mateo 5:9

"Bienaventurados los pacificadores, porque serán llamados hijos de Dios."

La reconciliación es parte del llamado más amplio a traer paz.

Amor y Humildad

1 Pedro 4:8

"Sobre todo, tened entre vosotros ferviente amor, porque el amor cubrirá multitud de pecados."

El amor fomenta la reconciliación y sana las relaciones.

Filipenses 2:3-4

"Nada hagáis por rivalidad o vanagloria; antes bien, con humildad, estimando cada uno a los demás como superiores a él mismo; no mirando cada uno por lo suyo propio, sino cada cual también por lo de los otros."

La humildad es esencial para buscar y conceder reconciliación.

PASOS PRÁCTICOS HACIA LA RECONCILIACIÓN

Oración: Busca la guía de Dios y abre tu corazón.

Auto-evaluación: Reconoce tu papel en los conflictos.

Confesión y Arrepentimiento: Asume responsabilidad por tus acciones.

Buscar Perdón: Acércate humildemente a aquellos que has ofendido.

Perdonar al Prójimo: Extiende la gracia como la has recibido de Dios.

Estos principios y prácticas bíblicas animan a los creyentes a reflejar el amor reconciliador de Dios en sus vidas, fomentando la paz y la unidad en sus relaciones.

ACERCA DEL AUTOR

Carey R. Ross Sr. es Ministro consagrado del Evangelio de Jesucristo, predicando desde hace más de tres décadas el cuerpo de Cristo en Estados Unidos. Es padre, abuelo, empresario, autor de "La Salud es Riqueza: Conquístala", inventor, líder corporativo senior y líder juvenil, sirviendo en su iglesia local, donde en 2020 recibió el Premio al Espíritu de Excelencia por Servir Fielmente a la Comunidad Durante la Crisis. Carey es un orador consumado y comprometido con el aprendizaje continuo. Posee una Certificación de MBA Ejecutivo de la Universidad de Stanford, una Maestría en Ciencias en Administración Pública y de Salud de la Universidad Estatal de California en Hayward y posee una Licenciatura en Ciencias de las Finanzas.

www.ingramcontent.com/pod-product-compliance
Lightning Source LLC
LaVergne TN
LVHW051115051026
849532LV00004BB/1551